KB217024

구번역 사도신경

전능하사 천지를 만드신 하나님 아버지를 내가 믿사오며,
그 외아들 우리 주 예수 그리스도를 믿사오니,
이는 성령으로 잉태하사 동정녀 마리아에게 나시고,
본디오 빌라도에게 고난을 받으사,
십자가에 못 박혀 죽으시고,
장사한 지 사흘 만에 죽은 자 가운데서 다시 살아나시며,
하늘에 오르사, 전능하신 하나님 우편에 앉아 계시다가,
저리로서 산 자와 죽은 자를 심판하러 오시리라.
성령을 믿사오며, 거룩한 공회와 성도가 서로 교통하는 것과
죄를 사하여 주시는 것과 몸이 다시 사는 것과
영원히 사는 것을 믿사옵나이다. 아멘.

새번역 사도신경[1]

나는 전능하신 아버지 하나님, 천지의 창조주를 믿습니다.
나는 그의 유일하신 아들, 우리 주 예수 그리스도를 믿습니다.
그는 성령으로 잉태되어 동정녀 마리아에게서 나시고,
본디오 빌라도에게 고난을 받아 십자가에 못 박혀 죽으시고,
장사된 지[2] 사흘 만에 죽은 자 가운데서 다시 살아나셨으며,
하늘에 오르시어 전능하신 아버지 하나님 우편에 앉아 계시다가,
거기로부터 살아 있는 자와 죽은 자를 심판하러 오십니다.
나는 성령을 믿으며, 거룩한 공교회와 성도의 교제와
죄를 용서받는 것과 몸의 부활과 영생을 믿습니다. 아멘.

1) '사도신조'로도 번역할 수 있다.
2) '장사되시어 지옥에 내려가신 지'가 공인된 원문(Forma Recepta)에는 있으나 대다수의 본문에는 없다.

1000일 내 글씨 성경

1

율법서

창세기 - 신명기

시작한 날
_____

마친 날
_____

이름
_____

1000일
내 글씨 성경
-
구성

- 구약 -

1권 율법서	창세기 출애굽기 레위기 민수기 신명기	2권 역사서	여호수아, 사사기 룻기, 사무엘상 사무엘하, 열왕기상 열왕기하, 역대상 역대하, 에스라 느헤미야, 에스더	3권 시가서	욥기 시편 잠언 전도서 아가	4권 예언서	이사야, 예레미야 예레미야애가, 에스겔 다니엘, 호세아, 요엘 아모스, 오바댜, 요나 미가, 나훔, 하박국 스바냐, 학개, 스가랴 말라기

- 신약 -
5권

1000일 내 글씨 성경 1권(창세기-신명기)

엮은이 | 편집부

초판 발행 | 2019. 7. 1
6쇄 | 2020. 12. 29
등록번호 | 제1988-000080호
등록된 곳 | 서울특별시 용산구 서빙고로65길 38
발행처 | 사단법인 두란노서원
영업부 | 2078-3352   FAX | 080-749-3705
출판부 | 2078-3331

책값은 뒤표지에 있습니다.
ISBN 978-89-531-3393-8 04230

독자의 의견을 기다립니다.
tpress@duranno.com   www.duranno.com

복음서	마태복음 마가복음 누가복음 요한복음	역사서	사도행전	바울 서신	로마서, 고린도전서 고린도후서, 갈라디아서 에베소서, 빌립보서 골로새서, 데살로니가전서 데살로니가후서 디모데전서, 디모데후서 디도서, 빌레몬서
일반 서신	히브리서, 야고보서 베드로전서, 베드로후서 요한일서, 요한이서 요한삼서, 유다서	예언서	요한계시록		

DURANNO VISION BIBLE

INTIMACY

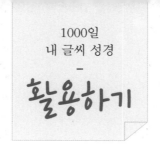

1000일
내 글씨 성경
-
활용하기

1 1000일 동안 말씀을 쓰며 하나님과 교제할 수 있다.

하루에 써야 할 분량을 정해 놓았기에 늘어지거나 포기하지 않고 끝까지 필사할 수 있다.

2 이 책은 총 5권으로 구성되었다. 구약은 '율법서, 역사서, 시가서, 예언서'의 분류법을 따라 쓰기성경을 4개로 나누었으며, 신약은 한 권으로 묶었다.

3 창세기부터 요한계시록까지 각 책의 개관을 간략히 소개했다. 각 성경의 내용을 이해하며 필사할 수 있어 더 큰 은혜를 누릴 수 있다.

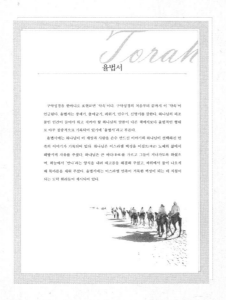
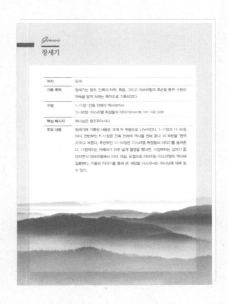

4 필사 일 옆에 연도와 월, 일을 기입할 수 있게 했다. 원하는 날짜에 필사하면 된다.

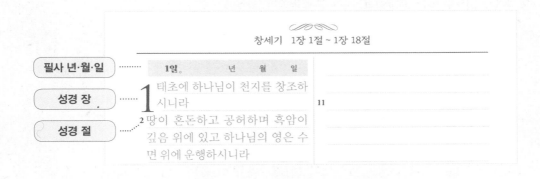

이 책의 개관은 저자의 허락 하에 《더 바이블》(라준석 저)에서 주로 발췌했으며, 《비전 성경》, 《핵심 성경》을 참고했다.

5 약 30분 정도의 시간을 내면 하루 분량을 쓸 수 있기에 부담이 없다. 그러나 필사자의 컨디션에 따라 더 많은 분량을 써도 좋다.

6 서기관들이 성경을 필사해 후대에 남겼듯이 내 손글씨로 말씀을 정성껏 필사해 믿음의 유산을 남길 수 있다.

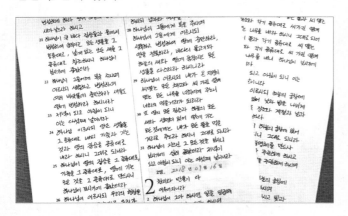

7 하루의 필사 분량을 표로 만들었는데, 다 쓴 후 오른쪽에 V표시를 하면 진행 사항을 파악할 수 있다.

필사 일수 / 성경 장 / 체크 칸

	창세기		출애굽기		레위기		민수기		신명기
1	1 ✓	48	1	87	1-2	112	1:1-46	147	1
2	2	49	2	88	3	113	1:47-3:4	148	2
3	3	50	3	89	4	114	3:5-51	149	3
4	4	51	4	90	5-6	115	4	150	4
5	5	52	5	91	7	116	5	151	5
6	6	53	6	92	8	117	6	152	6
7	7	54	7	93	9-10	118	7:1-41	153	7
8	8	55	8	94	11-12	119	7:42-89	154	8
9	9	56	9	95	13:1-28	120	8	155	9
10	10	57	10-11	96	13:29-59	121	9	156	10
11	11	58	12:1-28	97	14:1-32	122	10	157	11
12	12-13	59	12:29-51	98	14:33-57	123	11	158	12
13	14-15	60	13	99	15	124	12-13	159	13-14

8 각 성경을 쉽게 찾도록 각 권에서 대표적인 성경 다섯 권을 옆면에 반달 색인으로 표시했다. 색인을 보며 필사할 부분을 보다 쉽게 찾을 수 있다.

연습하기

1일.   년   월   일

1 태초에 하나님이 천지를 창조하
시니라

2 땅이 혼돈하고 공허하며 흑암이 깊음
위에 있고 하나님의 영은 수면 위에 운
행하시니라

3 하나님이 이르시되 빛이 있으라 하시
니 빛이 있었고

4

5

6

7

8

9

10

11

12

13

14

15

16

17

18

※성경을 쓰기 전에 자신에게 적합한 글자 크기와 간격을 연습해 보세요.

율법서 쓰기표

	창세기		출애굽기		레위기		민수기		신명기
1	1 ✓	48	1	87	1-2	112	1:1-46	147	1
2	2	49	2	88	3	113	1:47-3:4	148	2
3	3	50	3	89	4	114	3:5-51	149	3
4	4	51	4	90	5-6	115	4	150	4
5	5	52	5	91	7	116	5	151	5
6	6	53	6	92	8	117	6	152	6
7	7	54	7	93	9-10	118	7:1-41	153	7
8	8	55	8	94	11-12	119	7:42-89	154	8
9	9	56	9	95	13:1-28	120	8	155	9
10	10	57	10-11	96	13:29-59	121	9	156	10
11	11	58	12:1-28	97	14:1-32	122	10	157	11
12	12-13	59	12:29-51	98	14:33-57	123	11	158	12
13	14-15	60	13	99	15	124	12-13	159	13-14
14	16-17	61	14	100	16	125	14	160	15
15	18	62	15	101	17-18	126	15	161	16
16	19	63	16	102	19	127	16:1-40	162	17:1-18:8
17	20	64	17-18	103	20	128	16:41-17:13	163	18:9-19:14
18	21	65	19	104	21	129	18	164	19:15-20:20
19	22-23	66	20	105	22	130	19	165	21
20	24:1-27	67	21	106	23	131	20	166	22
21	24:28-67	68	22	107	24	132	21	167	23
22	25	69	23	108	25:1-28	133	22	168	24-25
23	26	70	24	109	25:29-55	134	23	169	26
24	27	71	25	110	26	135	24-25	170	27
25	28	72	26	111	27	136	26:1-34	171	28:1-19
26	29	73	27			137	26:35-65	172	28:20-68
27	30	74	28			138	27	173	29
28	31:1-42	75	29:1-37			139	28	174	30
29	31:43-32:32	76	29:38-30:21			140	29	175	31
30	33	77	30:22-31:18			141	30:1-31:24	176	32
31	34	78	32			142	31:25-54	177	33-34
32	35	79	33			143	32		
33	36	80	34			144	33		
34	37	81	35			145	34		
35	38	82	36			146	35-36		
36	39-40	83	37						
37	41:1-36	84	38						
38	41:37-57	85	39						
39	42	86	40						
40	43								
41	44								
42	45								
43	46								
44	47								
45	48								
46	49								
47	50								

1000일
내 글씨 성경
-
차례

1

율법서

율법서

구약성경을 한마디로 표현하면 '약속'이다. 구약성경의 처음부터 끝까지 '약속'이 언급된다. 율법서는 창세기, 출애굽기, 레위기, 민수기, 신명기를 말한다. 하나님의 피조물인 인간이 들어야 하고 지켜야 할 하나님의 말씀이 다른 책에서보다 율법적인 형태로 아주 집중적으로 기록되어 있기에 '율법서'라고 부른다.

율법서에는 하나님이 이 세상과 사람을 손수 만드신 이야기와 하나님이 선택하신 민족의 이야기가 기록되어 있다. 하나님은 이스라엘 백성을 애굽 노예의 삶에서 해방시켜 자유를 주셨다. 하나님은 큰 바다(홍해)를 가르고 그들이 지나가도록 하셨으며, 하늘에서 '만나'라는 양식을 내려 배고픔을 해결해 주셨고, 바위에서 물이 나오게 해 목마름을 채워 주셨다. 율법서에는 이스라엘 민족이 거룩한 백성이 되는 데 지침이 되는 도덕 원리들이 제시되어 있다.

Genesis

창세기

저자	모세
기록 목적	창세기는 창조, 인류의 타락, 죽음, 그리고 아브라함의 후손을 통한 구원의 약속을 알게 하려는 목적으로 기록되었다.
구성	1-11장 : 인류 전체의 역사(원역사) 12-50장 : 이스라엘 족장들의 이야기(아브라함, 이삭, 야곱, 요셉)
핵심 메시지	하나님은 창조주이시다.
주요 내용	창세기에 기록된 내용은 크게 두 부분으로 나누어진다. 1-11장과 12-50장이다. 전반부인 1-11장은 인류 전체의 역사를 전해 준다. 이 부분을 '원역사'라고 부른다. 후반부인 12-50장은 이스라엘 족장들의 이야기를 들려준다. 11장까지는 카메라가 아주 넓게 촬영을 했다면, 12장부터는 갑자기 좁아지면서 아브라함에서 이삭, 야곱, 요셉으로 이어지는 이스라엘의 역사에 집중한다. 이들의 이야기를 통해 온 세상을 다스리시는 하나님에 대해 알 수 있다.

창세기 1장 1절 ~ 1장 18절

| 1일。 | | 년 | 월 | 일 |

1

2

3

4

5

6

7

8

9

10

11

12

13

14

15

16

17

18

창세기

19

20

21

22

23

24

25

26

27

28

29

30

31

2일.　　　년　　월　　일

2 2

3

4

5

6

7

8

9

10

11

12

13

14

15

16

17

18

창세기 2장 19절 ~ 3장 6절

19

20

21

22

23

24

25

| **3일.** | | 년 | 월 | 일 |

3

2

3

4

5

6

7

8

9

10

11

12

13

14

15

16

17

18

19

20

21

22

23

24

4일。　　　년　　월　　일

4

2

3

4

5

6

7

8

9

10

11

12

13

14

15

16

17

18

19

20

21

22

23

24

25

26

5일。　　　　년　　월　　일

5

2

3

4

5

6

7

8

9

10

11

12

13

14

15

16

17

18

19

20

21

22

23

24

25

26

27

28

29

30

31

32

6일。	년	월	일

6

2

3

4

5

6

7

8

9

10

11

12

13

14

15

16

17

18

19

20

21

22

7일。   년   월   일

7

2

3

4

5

6

7

8

9

10

11

12

13

14

15

16

17

18

19

20

21

22

23

24

8일.　　　　　년　　　월　　　일

8

2

3

4

5

6

7

8

9

10

11

12

13

14

15

16

17

18

19

20

21

22

| **9일**。 | 년 | 월 | 일 |

9

2

3

4

5

6

7

창세기 9장 8절 ~ 9장 24절

8

9

10

11

12

13

14

15

16

17

18

19

20

21

22

23

24

25

6

26

7

27

8

9

28

29

10

10일.　　　년　　월　　일

10

11

12

2

13

3

14

4

15

5

16

17

18

19

20

21

22

23

24

25

26

27

28

29

30

31

32

11일。 년 월 일

11

2

3

4

5

6

7

8

9

10

11

12

13

14

15

16

17

18

19

20

21

22

23

24

25

26

27

28

29

30

31

32

12일 。   년   월   일

12

2

3

4

5

6

7

8

9

10

11

12

13

14

15

16

17

18

19

20

13

2

3

4

5

6

7

8

9

10

11

12

13

14

15

16

17

18

13일。　　　년　　　월　　　일

14

2

3

4

5

6

7

8

9

10

11

12

13

14

15

16

17

18

19

20

21

22

23

24

15

2

3

4

5

6

7

8

9

10

11

12

13

14

15

16

17

18

19

20

21

14일。	년	월	일

16

2

3

4

5

6

7

8

9

10

11

12

13

14

15

16

17

2

3

4

5

6

7

8

9

10

11

12

13

14

15

16

17

18

19

20

21

22

23

24

25

26

27

15일。　　　　　년　　　월　　　일

18

2

3

4

5

6

7

8

9

10

11

12

13

14

15

16

17

18

19

20

21

22

23

24

25

26

27

28

29

30

31

32

33

16일.　　　년　　　월　　　일

19

2

3

4

5

6

7

8

9

10

11

12

13

14

15

16

17

18

19

20

21

22

23

24

25

26

27

28

29

30

31

32

33

34

35

36

37

38

17일。   년   월   일

20

2

3

4

5

6

7

8

9

10

11

12

13

14

15

16

17

18

2

3

4

5

6

7

8

9

10

18일.　　　년　　월　　일

21

11

12

13

14

15

16

17

18

19

20

21

22

23

24

25

26

27

28

29

30

31

32

33

34

| **19일**。 | 년 | 월 | 일 |

22

2

3

4

5

6

7

8

9

10

11

12

13

14

15

16

17

18

19

20

21

22

23

24

23

2

3

4

5

6

7

8

9

10

11

12

13

14

15

16

17

18

19

20

20일。　　　　　년　　월　　일

24

2

3

4

5

6

7

8

9

10

11

12

13

14

15

16

17

18

19

20

21

22

23

24

25

26

27

21일。　　　　　년　　　월　　　일

28

29

30

31

32

33

34

35

36

37

38

39

40

41

42

43

44

45

46

47

48

49

50

51

52

53

54

55

56

57

58

59

60

61

62

63

64

65

66

67

22일 。   년   월   일

25

2

3

4

5

6

7

8

9

10

11

12

13

14

15

16

17

18

19

20

21

22

23

24

25

26

27

28

29

30

31

32

33

34

23일。　　　　년　　　월　　　일

26

2

3

4

5

6

7

8

9

10

11

12

13

14

15

16

17

18

19

20

21

22

23

24

25

26

27

28

29

30

31

32

33

34

35

24일。 년 월 일

27

2

3

4

5

6

7

8

9

10

11

12

13

14

15

16

17

18

19

20

21

22

23

24

25

26

27

28

29

30

31

32

33

34

35

36

37

38

39

40

41

42

43

44

45

46

25일. 년 월 일

28

2

3

4

5

6

7

8

9

10

11

12

13

14

15

16

17

18

19

20

21

22

26일。   년   월   일

29

2

3

4

5

6

7

8

9

10

11

12

13

14

15

16

17

18

19

20

21

22

23

24

25

26

27

28

29

30

31

32

33

34

35

27일.　　년　　월　　일

30

2

3

4

5

6

7

8

9

10

11

12

13

14

15

16

17

18

19

20

21

22

23

24

25

26

27

28

29

30

31

32

33

34

35

42

36

37

38

39

40

41

43

28일。   년   월   일

31

2

3

4

5

6

7

8

9

10

11

12

13

14

15

16

17

18

19

20

21

22

23

24

25

26

27

28

29

30

31

32

33

34

35

36

37

38

39

40

41

42

29일。	년	월	일

43

44

45

46

47

48

49

50

51

52

53

54

55

32

2

3

4

5

6

7

8

9

10

11

12

13

14

15

16

17

18

19

20

21

22

23

24

25

26

27

28

29

30

31

32

30일.　　　년　　월　　일
33

2

3

4

5

6

7

8

9

10

11

12

13

31일。 　　　년　　월　　일

34

14

2

15

3

4

16

5

17

6

7

18

19

8

20

9

10

11

12

13

14

15

16

17

18

19

20

21

22

23

24

25

26

27

28

29

30

31

32일。	년	월	일

35

2

3

4

5

6

7

8

9

10

11

12

13

14

15

16

17

18

19

20

21

22

23

24

25

26

27

28

29

33일. 년 월 일

36

2

3

4

5

6

7

8

9

10

11

12

13

14

15

16

17

18

19

20

21

22

23

24

25

26

27

28

29

30

31

32

33

34

35

36

37

38

39

40

41

42

43

34일.　　　년　　월　　일

37

2

3

4

5

6

7

8

9

10

11

12

13

창세기 37장 14절 ~ 37장 27절

14

15

16

17

18

19

20

21

22

23

24

25

26

27

28

29

30

31

32

33

34

35

36

35일.　　　　년　　월　　일

38

2

3

4

5

6

7

8

9

10

11

12

13

14

15

16

17

18

19

20

21

22

23

24

25

26

27
28

29

30

36일。　　　년　　월　　일

39

2

3

4

5

6

7

8

9

10

11

12

13

14

15

16

17

18

19

20

21

22

23

40

2

3

4

5

6

7

8

9

10

11

12

13

14

15

16

17

18

19

20

21

22

23

37일。 　　　　　년　　　월　　　일

41

2

3

4

5

6

7

8

9

10

11

12

13

14

15

16

17

18

19

20

21

22

23

24

25

26

27

28

29

30

31

32

33

34

35

36

38일.   년   월   일

37

38

39

40

41

42

43

44

45

46

47

48

49

50

51

52

53

54

55

56

57

39일。　　　　년　　월　　일

42

2

3

4

5

6

7

8

9

10

11

12

13

14

15

16

17

18

19

20

21

22

23

24

25

26

27

28

29

30

31

32

33

34

35

36

37

38

40일。　　　년　　월　　일

43 2

3

4

5

6

7

8

9

10

11

12

13

14

15

16

17

18

19

20

21

22

23

24

25

26

27

28

29

30

31

32

33

34

41일.　　년　월　일

44

2

3

4

5

6

7

8

9

10

11

12

13

14

15

16

17

18

19

20

21

22

23

24

25

26

27

34

28

29

42일。   년   월   일

45

2

30

3

31

4

32

5

33

6

7

8

9

10

11

12

13

14

15

16

17

18

19

20

21

22

23

24

25

26

27

28

43일。 년 월 일

46

2

3

4

5

6

7

8

9

10

11

12

13

14

15

16

17

18

19

20

21

22

23

24

25

26

27

28

29

30

31

32

33

34

44일。   년   월   일

47

2

3

4

5

6

7

8

9

10

11

12

13

14

15

16

17

18

19

20

21

22

23

24

25

26

27

28

29

30

31

45일。　　　년　　월　　일

48

2

3

4

5

6

7

8

9

10

11

12

13

14

15

16

17

18

19

20

6

21

7

22

46일。　　　　년　　월　　일

49

8

2

9

3

10

4

5

11

12

13

14

15

16

17

18

19

20

21

22

23

24

25

26

27

28

29

30

31

32

33

47일.　　　년　　　월　　　일

50

2

3

4

5

6

7

8

9

10

11

12

13

14

15

16

17

18

19

20

21

22

23

24

25

26

출애굽기

저자	모세
기록 목적	애굽의 노예 생활에서 이스라엘을 구원하신 하나님의 능력을 보여 줌으로써 하나님이 온 인류를 사랑하시고 구원하신다는 사실을 증거하기 위해 기록되었다.
구성	1-2: 모세를 구출 3-18장: 이스라엘 백성을 구출 19-24장: 율법을 주심 25-40장: 성막을 짓게 하심
핵심 메시지	하나님은 자기 백성을 구하신다.
주요 내용	출애굽기는 하나님이 그분의 백성을 구해 내신 이야기, 즉 '구원자 하나님'을 보여 준다. 하나님은 죽음의 위기에 처해 있던 한 사람을 구해 내셨다. 그의 이름은 모세다. 하나님은 모세를 통해 애굽에서 종살이를 하던 이스라엘 백성을 구해 내셨다. 또한 이스라엘 백성을 제사장 족속으로 세우시고, 그들을 통해 전 세계 열방을 구해 낼 꿈을 말씀하셨다. 하나님이 열방을 구하시는 목적은 그들을 거룩한 예배자로 세우시기 위함이다.

| **48일**。 | | 년 | 월 | 일 |

1

2

3

4

5

6

7

8

9

10

11

12

13

14

15

16

17

18

19

20

21

22

49일。　　　년　　　월　　　일

2

2

3

4

5

6

7

8

9

10

11

12

13

14

15

16

17

18

19

20

21

22

23

24

25

50일.　　　년　　월　　일

3

2

3

4

5

6

7

8

9

10

11

12

출애굽기 3장 13절 ~ 3장 21절

13

14

15

16

17

18

19

20

21

121

22

6

7

51일。   년   월   일

4

8

2

9

3

10

4

5

11

12

13

14

15

16

17

18

19

20

21

22

23

24

52일. 년 월 일

5

25

26

2

27

3

28

29

4

30

5

31

6

7

8

9

10

11

12

13

14

15

16

17

18

19

20

21

22

23

53일.　　　　년　　　월　　　일

6

2

3

4

5

6

7

8

9

10

출애굽기　6장 11절 ~ 6장 25절

11

12

13

14

15

16

17

18

19

20

21

22

23

24

25

26

27

28

29

30

54일。　　　년　　월　　일

7

2

3

4

5

6

7

8

9

10

11

12

13

14

15

16

17

18

19

20

21

22

23

24

25

55일.　　　년　　월　　일

8

2

3

4

5

6

7

8

9

10

11

12

13

14

15

16

17

18

19

20

21

22

23

24

25

26

27

28

29

30

31

32

56일.   년   월   일

9

2

3

4

5

6

7

8

9

10

11

12

13

14

15

16

17

18

19

20

21

22

23

24

25

26

27

28

29

30

31

32

33

34

35

57일。　　　년　　월　　일

10

2

3

4

5

6

7

8

9

10

11

12

13

14

15

16

17

18

19

20

21

22

23

24

25

26

27

28

29

11

2

3

4

5

6

7

8

9

10

58일。   년   월   일

12

2

3

4

5

6

7

8

9

10

11

12

13

14

15

16

17

18

19

20

21

22

23

24

25

26

27

28

59일。   년   월   일

29

30

31

32

33

34

35

36

37

38

39

40

41

42

43

44

45

46

47

48

49

50

51

60일.	년	월	일

13

2

3

4

5

6

7

8

9

10

11

12

13

14

15

21

16

22

17

14

2

18

3

19

4

20

5

6

7

8

9

10

11

12

13

14

15

16

17

18

19

20

21

22

23

24

25

26

27

28

29

30

31

62일。　　　　년　　월　　일

15

2

3

4

5

6

7

8

9

10

11

12

13

14

15

16

17

18

19

20

21

22

23

24

25

26

27

63일。　　　년　　월　　일

16

2

3

4

5

6

7

8

9

10

11

12

13

14

15

16

17

18

19

20

21

22

23

24

25

26

27

28

29

30

31

32

33

34

35

36

64일。   년   월   일
17

2

3

4

5

6

7

8

9

10

11

12

13

14

15

16

18

2

3

4

5

6

7

8

9

10

11

12

13

14

15

16

17

18

19

20

21

22

23

24

25

26

27

65일。　　　년　　월　　일
19

2

3

4

5

6

7

8

9

10

11

12

13

14

15

16

17

18

19

20

21

22

23

24

25

66일.　　　년　　월　　일

20

2

3

4

5

6

7

8

9

10

11

12

13

14

15

16

17

18

19

20

21

22

23

24

25

26

67일。 년 월 일

21

2

3

출애굽기 21장 4절 ~ 21장 19절

4

5

6

7

8

9

10

11

12

13

14

15

16

17

18

19

20

21

22

23

24

25

26

27

28

29

30

31

32

33

34

35

36

68일。　　　년　　월　　일

22

2

3

4

5

6

7

8

9

10

11

12

13

14

15

16

17

18

19

20

21

22

23

24

25

26

27

28

29

30

31

69일。　　　　년　　월　　일

23

2

3

4

5

6

7

8

9

10

11

12

13

14

15

출애굽기   23장 16절 ~ 23장 29절

16

17

18

19

20

21

22

23

24

25

26

27

28

29

30

31

32

33

70일。　　　　년　　　월　　　일

24

2

3

4

5

6

7

8

9

10

11

12

13

14

15

16

17

18

71일.	년	월	일

25

2

3

4

5

6

7

8

9

10

11

12

13

14

15

16

17

18

19

20

21

22

23

24

25

26

27

28

29

30

31

32

33

34

35

36

37

38

39

40

72일。   년   월   일

26

2

3

4

5

6

7

8

9

10

11

12

13

14

15

16

17

18

19

20

21

22

23

24

25

26

27

28

29

30

31

32

33

34

35

36

37

73일。   년   월   일

27

2

3

4

5

6

7

8

9

10

11

12

13

14

15

16

17

18

19

20

21

74일。 년 월 일

28

2

3

4

5

6

7

8

9

10

11

12

13

14

15

16

17

18

19

20

21

22

23

24

25

26

27

28

29

30

31

32

33

34

35

36

37

38

75일。	년	월	일

29

39

40

2

41

3

4

5

42

6

7

43

8

9

10

11

12

13

14

15

16

17

18

19

20

21

22

23

24

25

26

27

28

29

30

31

32

33

34

35

36

37

76일。 　　　 년　　　 월　　　 일

38

39

40

41

42

43

44

45

46

30

2

3

4

5

6

7

8

9

10

11

12

13

14

15

16

17

18

19

20

21

77일。　　　년　　월　　일

22

23

24

25

26

27

28

29

30

31

32

33

34

35

36

37

38

31

2

3

4

5

6

7

8

9

10

11

12

13

14

15

16

17

18

6

7

8

78일。 년 월 일

32

2

9

3

4

10

11

5

12

13

14

15

16

17

18

19

20

21

22

23

24

25

26

27

28

29

30

31

32

33

34

35

79일。   년   월   일

33

2

3

4

5

6

7

8

9

10

11

12

13

14

15

16

17

18

19

20

21

22

23

80일。　　　　년　　　월　　　일

34

2

3

4

5

6

7

8

9

10

11

12

13

14

15

16

17

18

19

20

21

22

23

24

25

26

27

28

29

30

31

32

33

34

35

81일.　　　년　　월　　일
35

2

3

4

5

6

7

8

9

10

11

12

13

14

15

16

17

18

19

20

21

22

23

24

25

26

27

28

29

30

31

32

33

34

35

82일.　　　년　　월　　일

36

2

3

4

5

6

7

8

9

10

11

12

13

14

15

16

17

18

19

20

21

22

23

24

25

26

27

28

29

30

31

32

33

34

35

36

37

38

83일。　　　년　　월　　일

37

2

3

4

5

6

7

8

9

10

11

12

13

14

15

16

17

18

19

20

21

22

23

24

25

26

27

28

29

84일。   년   월   일

38

2

3

4

5

6

7

8

9

10

11

12

13

14

15

16

17

18

19

20

21

22

23

24

25

26

27

28

29

30

31

85일.　　　년　　월　　일

39

2

3

4

5

6

7

8

9

10

11

12

13

14

15

16

17

18

19

20

21

22

23

24

25

26

27

28

29

30

31

32

33

34

35

36

37

38

39

40

41

42

43

86일. 　　　년　　월　　일

40

2

3

4

5

6

7

8

9

10

11

12

13

14

15

16

17

18

19

20

21

22

23

24

25

26

27

28

29

30

31

32

33

34

35

36

37

38

레위기

저자	모세
기록 목적	성막에서 하나님을 예배하는 법을 알게 하기 위해 기록되었다.
구성	1-17장: 거룩한 제사 18-27장: 거룩한 삶
핵심 메시지	하나님은 거룩하시며 우리가 거룩하기를 원하신다.
주요 내용	'레위기'는 성막에서 하나님께 드리는 제사를 담당했던 레위 지파의 이름을 딴 것이다. 레위기는 하나님이 회막(성막)에서 모세를 부르시고 말씀하신 계명과(레 1:1), 시내산에서 이스라엘 자손을 위해 모세에게 명령하신 계명을(레 27:34) 기록하고 있다. 하나님이 자기 백성에게 원하시는 것은 '거룩'이다. 레위기에는 자기 백성을 향한 하나님의 열정이 담겨 있다.

87일. 년 월 일

1

2

3

4

5

6

7

8

9

10

11

12

13

14

15

레위기

16

17

2

2

3

4

5

6

7

8

9

10

11

12

13

14

15

16

88일。   년   월   일

3

2

3

4

5

6

7

8

9

10

11

레위기 3장 12절 ~ 4장 10절

12

13

14

15

16

17

89일。   년   월   일

4

2

3

4

5

6

7

8

9

10

11

12

13

14

15

16

17

18

19

20

21

22

23

24

25

26

27

28

29

30

31

32

33

34

35

90일 。 년 월 일

5

2

3

4

5

6

7

8

9

10

11

12

13

14

15

16

17

18

19

6

2

3

4

5

6

7

8

9

10

11

12

13

14

15

16

17

18

19

20

21

22

23

24

25

26

27

28

29

30

91일 .   .   년   월   일

7

2

3

4

5

6

7

8

9

10

11

12

13

14

15

16

17

18

19

20

21

22

23

24

25

26

27

28

29

30

31

32

33

34

35

36

37

38

92일. 　　　년　　월　　일

8

2

3

4

5

6

7

8

9

10

11

12

13

14

15

16

17

18

19

20

21

22

23

24

25

26

27

28

29

30

31

32

33

34

35

36

9

2

3

4

5

6

7

8

9

10

11

12

13

14

15

16

17

18

19

20

21

22

23

24

10

2

3

4

5

6

7

8

9

10

11

12

13

14

20

94일.　　　　년　　월　　일

11

2

3

4

5

6

7

15

16

17

18

19

8

9

10

11

12

13

14

15

16

17

18

19

20

21

22

23

24

25

26

27

28

29

30

31

32

33

34

35

36

37

38

39

40

41

42

43

44

45

46

47

12

2

3

4

5

6

7

8

95일。　　　　년　　월　　일

13

2

3

4

5

6

7

8

9

10

11

12

13

14

15

16

17

18

19

20

21

22

23

24

25

26

27

28

96일。	년	월	일

29

30

31

32

33

34

35

36

37

38

39

40

41

42

43

44

45

46

47

48

49

50

51

52

53

54

55

56

57

58

59

97일。　　　년　　월　　일

14

2

3

4

5

6

7

8

9

10

11

12

13

14

15

16

17

18

19

20

21

22

23

24

25

26

27

28

29

30

31

32

98일。　　　년　　월　　일

33

34

35

36

37

38

39

40

41

42

43

44

45

46

47

48

49

50

51

52

53

54

55

56

57

99일。　　　년　　　월　　　일

15

2

3

4

5

6

7

8

9

10

11

12

13

14

15

16

17

18

19

20

21

22

23

24

25

26

27

28

29

30

31

32

33

100일.   년   월   일

16

2

3

4

5

6

7

8

9

10

11

12

13

14

15

16

17

18

19

20

21

22

23

24

25

26

27

28

29

30

31

32

33

34

101일。　　　　　년　　월　　일

17

2

3

4

5

6

7

8

9

10

11

12

13

14

15

16

18

2

3

4

5

6

7

8

9

10

11

12

13

14

15

16

17

18

19

20

21

22

23

24

25

26

27

28

29

30

102일 。   년   월   일

19

2

3

4

5

6

7

8

9

10

11

12

13

14

15

16

17

18

19

20

21

22

23

24

25

26

27

28

29

30

31

32

33

34

35

36

37

103일。   년   월   일

20

2

3

4

5

6

7

8

9

10

11

12

13

14

15

16

17

18

19

20

21

22

23

24

25

26

27

104일。　　년　월　일

21

2

3

4

5

6

7

8

9

10

11

12

13

14

15

16

17

18

19

20

21

22

23

24

105일。   년   월   일

22

2

3

4

5

6

7

8

9

10

11

12

13

14

15

16

17

18

19

20

21

22

23

24

25

26

27

28

29

30

31

32

33

레위기　23장 1절 ~ 23장 16절

106일。　　　　년　월　일

23

2

3

4

5

6

7

8

9

10

11

12

13

14

15

16

246

17

18

19

20

21

22

23

24

25

26

27

28

29

30

31

32

33

34

35

36

37

38

39

40

41

42

43

44

107일. 년 월 일

24

2

3

4

5

6

7

8

9

10

11

12

13

14

15

16

108일.   년   월   일

25

2

17

3

18

19

4

20

5

21

6

22

23

7

8

9

10

11

12

13

14

15

16

17

18

19

20

21

22

23

24

25

26

27

28

109일。   년   월   일

29

30

31

32

33

34

35

36

37

38

39

40

41

42

43

44

45

46

47

48

49

50

51

52

53

54

55

110일。　　　년　　월　　일

26

2

3

4

5

6

7

8

9

10

11

12

13

14

15

16

17

18

19

20

21

22

23

레위기 26장 24절 ~ 26장 37절

24

25

26

27

28

29

30

31

32

33

34

35

36

37

38

39

40

41

42

43

44

45

46

111일。　　　년　　월　　일

27

2

3

4

5

6

7

8

9

10

11

12

13

14

15

16

17

18

19

20

21

22

23

24

25

26

27

28

29

30

31

32

33

34

민수기

저자	모세
기록 목적	이스라엘 백성이 약속의 땅 가나안에 들어가기 위해서 어떤 준비를 했으며, 어떻게 하나님께 범죄했고 형벌을 받았는지를 알려 주기 위해 기록되었다.
구성	1-2장: 인구 조사와 진영 배치 3-9장: 율법 수여 10-36장: 광야의 삶
핵심 메시지	하나님이 지키시면 광야에서도 살아남을 수 있다.
주요 내용	민수기는 '백성의 수를 기록한 말씀'이다. 시내산에서 가나안 지경에 이를 때까지의 행군을 기록하고 있다. 이러한 사건 기록을 통해 '지키시는 하나님'을 전해 준다. 민수기에는 인구 조사, 진영 배치와 행군, 율법, 광야의 삶, 땅 분배에 관한 내용이 기록되어 있다.

112일 。   년   월   일

1

2

3

4

5

6

7

8

9

10

11

12

13

14

15

16

17

18

19

20

21

22

23

24

25

26

27

28

29

30

31

32

33

34

35

36

37

38

39

40

41

42

43

44

45

46

113일。   년   월   일

47

48

49

50

51

52

53

54

2

2

3

4

5

6

7

8

9

10

11

12

13

14

15

16

17

18

19

20

21

22

23

24

25

26

27

28

29

30

31

32

33

34

3

2

3

4

114일。   년   월   일

5

6

7

8

9

10

11

12

13

14

15

16

17

18

19

20

21

22

23

24

25

26

27

28

29

30

31

32

33

34

35

36

37

38

39

40

41

42

43

44

45

46

47

48

49

50

51

115일。　　　년　　　월　　　일

4

2

3

4

5

6

7

8

9

10

11

12

13

14

15

16

17

18

19

20

21

22

23

24

25

26

27

28

29

30

31

32

33

34

35

36

37

38

39

40

41

42

43

44

45

46

47

48

49

116일。   년   월   일

5

2

3

4

5

6

7

8

9

10

11

12

13

14

15

16

17

18

19

20

21

22

23

24

25

26

27

28

29

30

31

117일。　　　년　　월　　일

6

2

3

4

5

6

7

8

9

10

11

12

13

14

15

16

17

18

19

20

21

22

23

24

25

26

27

118일。　　　년　　　월　　　일

7

2

3

4

5

6

7

8

9

10

11

12

13

14

15

16

17

18

19

20

21

22

23

24

25

26

27

28

29

30

31

32

33

34

35

36

37

38

39

40
41

| 119일。 | 년 | 월 | 일 |

42

43

44

45

46

47

48

49

50

51

52

53

54

55

56

57

58

59

60

61

62

63

64

65

66

67

68

69

70

71

72

73

74

75

76

77

78

79

80

81

82

83

84

85

86

87

88

89

120일.   년   월   일

8

2

3

4

5

6

7

8

9

10

11

12

13

14

15

16

17

18

19

20

21

22

23

24

25

26

121일。　　　　년　　월　　일

9

2

3

4

5

6

7

8

9

10

11

12

13

14

15

16

17

18

122일。　　　　　년　　월　　일

10

2

19

3

4

20

5

21

6

7

22

8

23

9

10

11

12

13

14

15

16

17

18

19

20

21

22

23

24

25

26

27

28

29

30

31

32

33

34

35

36

123일 。　　　년　　월　　일

11

2

3

4

5

6

7

8

9

10

11

12

13

14

15

16

17

18

19

20

21

22

23

24

25

26

27

28

29

30

31

32

33

34

35

124일。　　　년　　월　　일

12

2

3

4

5

6

7

8

9

10

13

2

11

3

12

4

13

5

14

6

7

8

15

9

10

16

11

12

13

14

15

16

17

18

19

20

21

22

23

24

25

26

27

28

29

30

31

32

33

125일。   년   월   일

14

2

3

4

5

6

7

8

9

10

11

12

13

14

15

16

17

18

19

20

21

22

23

24

25

26

27

28

29

30

31

32

33

34

35

36

37

38

39

40

41

42

43

44

45

126일.　　　　　년　　　월　　　일

15

2

3

4

5

6

7

8

9

10

11

12

13

14

15

16

17

18

19

20

21

22

23

24

25

26

27

28

29

30

31

32

33

34

35

36

37

38

39

40

41

127일。   년   월   일

16

2

3

4
5

6

7

8

9

10

11

12

13

14

15

16

17

18

19

20

21

22

23

24

25

26

27

28

29

30

31

32

33

34

35

36

37

38

39

40

128일。   년   월   일

41

42

43

44

45

46

47

48

49

50

17

2

3

4

5

6

7

8

9

10

11

12

13

129일。　　　　년　　　월　　　일

18

7

2

8

3

9

4

10

5

11

6

12

13

14

15

16

17

18

19

20

21

22

23

24

25

26

27

28

29

30

31

32

130일。　　　년　　월　　일

19

2

3

4

5

6

7

8

9

10

11

12

13

14

15

16

17

18

19

20

21

22

131일。　　　년　　월　　일

20

2

3

4

5

6

7

8

9

10

11

12

13

14

15

16

17

18

19

20

21

22

23

24

25

26

27

28

29

| **132일**。 | 년 | 월 | 일 |

21

2

3

4

5

6

7

8

9

10

11

12

13

14

15

16

17

18

19

20

21

22

23

24

25

26

27

28

29

30

31

32

33

34

35

133일。　　　　　　년　　월　　일

22

2

3

4

5

6

7

8

9

10

11

12

13

14

15

16

17

18

19

20

21

22

23

24

25

26

27

28

29

30

31

32

33

34

35

36

37

38

39

40

41

134일。　　　년　　월　　일
23

2

3

4

5

6

7

8

9

10

11

12

13

14

15

16

17

18

19

20

21

22

23

24

25

26

27

28

29

30

24

2

3

4

5

6

7

8

9

10

11

12

13

14

15

16

17

18

19

20

21

22

23

24

25

25

2

3

4

5

6

7

8

9

10

11

136일。　　년　월　일

26

12

13

14

15

16

17

18

2

3

4

5

6

7

8

9

10

11

12

13

14

15

16

17

18

19

20

21

22

23

24

25

26

27

28

29

30

31

32

33

34

137일。   년   월   일

35

36

37

38

39

40

41

42

43

44

45

46

47

48

49

50

51

52

53

54

55

56

57

58

59

60

61

62

63

64

65

138일 。 년 월 일

27

2

3

4

5

6

7

8

9

10

11

12

13

14

15

16

17

18

19

20

21

22

23

139일。　　　　년　　　월　　　일

28

2

3

4

5

6

7

8

9

10

11

12

13

14

15

16

17

18

19

20

21

22

23

24

25

26

27

28

29

30

31

140일。　　　년　　월　　일

29

2

3

4

5

6

7

8

9

10

11

12

13

14

15

16

17

18

19

20

21

22

23

24

25

26

27

28

29

30

31

32

33

34

35

36

37

38

39

40

141일。   년   월   일

30

2

3

4

5

6

7

8

9

10

11

12

13

14

15

16

31

2

3

4

5

6

7

8

9

10

11

12

13

14

15

16

17

18

19

20

21

22

23

24

142일。	년	월	일

25

26

27

28

29

30

31

32

33

34

35

36

37

38

39

40

41

42

43

44

45

46

47

48

49

50

51

52

53

54

143일。   년   월   일

32

2

3

4

5

6

7

8

9

10

11

12

13

14

15

16

17

18

19

20

21

22

23

24

25

26

27

28

29

30

31

32

41

33

42

144일。   년   월   일

33

34

35

2

36

37

3

38

4

39

5

40

6

7

8

9

10

11

12

13

14

15

16

17

18

19

20

21

22

23

24

25

26

27

28

29

30

31

32

33

34

35

36

37

38

39

40

41

42

43

44

45

46

47

48

49

50

51

52

53

54

55

56

145일。　　　년　　월　　일

34

2

3

4

5

6

7

8

9

10

11

12

13

14

15

16

17

18

19

20

21

22

23

24

25

26

27

28

29

| 146일。 | 년 | 월 | 일 |

35

2

3

4

5

6

7

8

9

10

11

12

13

14

15

16

17

18

19

20

21

22

23

24

25

26

27

28

29

30

31

32

33

34

36

2

3

4

5

6

7

8

9

10

11

12

13

신명기

저자	모세
기록 목적	신명기는 두 가지 목적으로 기록되었다. 첫째는 출애굽을 경험하지 못한 2세대에게 하나님의 은혜를 일깨워 주려는 것이고, 둘째는 순종하면 복을 받고 불순종하면 징계와 형벌을 당하게 된다는 것을 알게 함으로써 언약 백성이 어떻게 살아야 할 것인가를 보여 주려는 것이다.
구성	1-30장: 모세가 한 세 편의 설교 31장: 여호수아에게 리더십 이양 32-34장: 모세의 노래와 축복
핵심 메시지	하나님을 잊지 말고 꼭 기억하라. 그래야 산다.
주요 내용	신명기는 하나님이 모세를 통해 '신신당부하신 말씀'이다. 모세는 이스라엘 백성에게 약속의 땅에 들어가 그 땅을 정복하기 위한 준비를 시키면서 이미 했던 당부를 재차 말했다. 그는 하나님의 말씀을 지켜 행하라고 권면했다. 신명기는 모세가 기록한 다섯 번째이자 마지막 책이며, 오경을 완성하는 책이다.

147일。   년   월   일

1

2

3

4

5

6

7

8

9

10

11

12

13

14

신명기   1장 15절 ~ 1장 25절

15

16

17

18

19

20

21

22

23

24

25

26

27

28

29

30

31

32

33

34

35

36

37

38

39

40

41

42

43

44

45

46

2

2

3

4

5

6

7

8

9

10

11

12

13

14

15

16

17

18

19

20

21

22

23

24

25

26

27

28

29

30

31

149일。　　　년　　월　　일

3

32

33

2

34

35

3

36

4

37

5

6

7

8

9

10

11

12

13

14

15

16

17

18

19

20

21

22

23

24

25

26

27

28

29

| 150일. | | 년 | 월 | 일 |

4

2

3

4

5

6

7

8

9

10

11

12

13

14

15

16

17

18

19

20

21

22

23

24

25

31

26

32

27

33

34

28

29

35

30

36

37

38

39

40

41

42

43

44

45

46

47

48

49

151일 。 년 월 일

5

2

3

4 .

5

6

7

8

9

10

11

12

13

14

15

16

17

18

19

20

21

22

23

24

25

26

27

28

29

30

31

32

33

152일.   년   월   일

6

2

3

4

5

6

7

8

9

10

11

12

13

14

15

16

17

18-19

20

21

2

22

23

3

24

4

25

5

153일。　　　년　　　월　　　일

7

6

7

8

9

10

11

12

13

14

15

16

17

18

19

20

21

22

23

24

25

26

154일。　　　　　년　　　월　　　일

8

2

3

4

5

6

7

8

9

10

11

12

13

14

15

16

17

18

19

20

155일.　　　　년　　　월　　　일

9

2

3

4

5

6

7

8

9

10

11

12

13

14

15

16

17

18

19

20

21

22

23

24

25

26

27

28

29

156일。 　　　년　　　월　　　일

10

2

3

4

5

6

7

8

9

10

11

12

13

14

15

16

17

18

19

20

21

22

157일。　　　　　　년　　월　　일

11

2

3

4

5

6

7

8

9

10

11

12

13

14

15

16

17

18

19

20

21

22

23

24

25

26

27

28

29

30

31

32

158일.   년   월   일

12

2

3

4

5

6

7

8

9

10

11

12

13

14

15

16

17

18

19

20

21

22

23

24

25

26

27

28

29

30

31

32

159일。　　　년　　월　　일

13

2

3

4

5

6

7

8

9

10

11

12

13

14

15

16

17

18

14

2

3

4

5

6

7

8

9

10

11

12

13

14

15

16

17

18

19

20

21

22

23

24

25

26

27

28

29

160일。　　　　년　　월　　일

15₂

3

4-5

6

7

8

9

10

11

12

13

14

15

16

17

18

19

20

21

22

23

161일。　　　　　년　　　월　　　일

16

2

3

4

5

6

7

8

9

10

11

12

13

14

15

16

17

18

19

20

21

22

162일。 　　　　　년　　월　　일

17

2

3

4

5

6

7

8

9

10

11

12

13

14

15

16

17

18

19

20

18

2

3

4

5

6

7

8

163일。　　　　년　　　월　　　일

9

10

11

12

13

14

15

16

17

18

19

20

21

22

19

2

3

4

5

6

7

8

9

10

11

12

13

14

164일。　　　년　　　월　　　일

15

16

17

18

19

20

21

20

2

3

4

5

6

7

8

9

10

11

12

13

14

15

16

17

18

19

20

6

165일。　　년　　월　　일

21

7

8

2

3

9

4

10

5

11

12

13

14

15

16

17

18

19

20

21

22

23

166일。   년   월   일

22

2

3

4

5

6

7

8

9

10

11

12

13

14

15

16

17

18

19

20

21

22

23

24

25

26

27

28

29

30

167일。   년   월   일

23

2

3

4

5

6

7

8

9

10

11

12

13

14

15

16

17

18

19

20

21

22

23

24

25

168일。 년 월 일

24

2

3

4

5

6

7

8

9

10

11

12

13

14

15

16

17

18

19

20

21

22

25

2

3

4

5

6

7

8

9

10

11

12

13

14

15

16

17

18

19

5

6

169일。   년   월   일

26

7

2

8

9

3

10

11

4

12

13

14

15

16

17

18

19

27

2

3

4

5

6

7

8

9

10

11

12

13

14

15

16

17

18

19

20

21

22

23

24

25

26

171일。   년   월   일

28

2

3

4

5

6

7

8

9

10

11

12

13

14

15

16

17

18

19

172일。   년   월   일

20

21

22

23

24

25

26

27

28

29

30

31

32

33

34

35

36

37

38

39

40

41

42

43

44

45

46

47

48

49

50

51

52

53

54

55

56

57

58

59

60

61

62

63

64

65

66

67

68

173일。　　　　　　년　　　월　　　일

29

2

3

4

5

6

7

8

9

10

11

12

13

14

15

16

17

18

19

20

21

22

23

24

25

26

27

28

29

174일.   년   월   일

30

2

3

4

5

6

7

8

9-10

11

12

13

14

15

16

17

18

19

20

175일。　　　　　　년　　　월　　　일

31

2

3

4

5

6

7

8

9

10

11

12

13

14

15

16

17

18

19

20

21

22

23

30

24

25

26

27

28

29

32

2

3

4

5

6

7

8

9

10

11

12

13

14

15

16

17

18

19

20

21

22

23

24

25

26

27

28

29

30

31

32

33

34

35

36

37

38

39

40

41

42

43

44

45

46

47

48

49

50

51

52

| **177일**。 | 년 | 월 | 일 |

33

2

3

4

5

6

7

8

9

10

11

12

13

14

15

16

17

18

19

20

21

22

23

24

25

26

27

28

29

34

2

3

4

신명기   34장 5절 ~ 34장 12절

5

6

7

8

9

10

11

12

개역개정 십 계 명

하나님이 이 모든 말씀으로 말씀하여 이르시되,
나는 너를 애굽 땅, 종 되었던 집에서 인도하여 낸 네 하나님 여호와니라.

제일은, 너는 나 외에는 다른 신들을 네게 두지 말라.

제이는, 너를 위하여 새긴 우상을 만들지 말고,
또 위로 하늘에 있는 것이나 아래로 땅에 있는 것이나
땅 아래 물 속에 있는 것의 어떤 형상도 만들지 말며,
그것들에게 절하지 말며, 그것들을 섬기지 말라.
나 네 하나님 여호와는 질투하는 하나님인즉,
나를 미워하는 자의 죄를 갚되
아버지로부터 아들에게로 삼사 대까지 이르게 하거니와,
나를 사랑하고 내 계명을 지키는 자에게는
천 대까지 은혜를 베푸느니라.

제삼은, 너는 네 하나님 여호와의 이름을 망령되게 부르지 말라.
여호와는 그의 이름을 망령되게 부르는 자를
죄 없다 하지 아니하리라.

제사는, 안식일을 기억하여 거룩하게 지키라.
엿새 동안은 힘써 네 모든 일을 행할 것이나
일곱째 날은 네 하나님 여호와의 안식일인즉,
너나 네 아들이나 네 딸이나 네 남종이나 네 여종이나
네 가축이나 네 문안에 머무는 객이라도
아무 일도 하지 말라.
이는 엿새 동안에 나 여호와가 하늘과 땅과 바다와